ANIMAIS

Todolivro

Rodovia Jorge Lacerda, 5086 - Poço Grande
Gaspar - SC | CEP 89115-100

Ilustração:
Shutterstock

Revisão:
Tamara B. G. Altenburg

IMPRESSO NA CHINA
www.todolivro.com.br

Dados Internacionais de Catalogação na Publicação (CIP)
(Câmara Brasileira do Livro, SP, Brasil)

Animais: Dominó - 4 anos / Todolivro; [Ilustração: Shutterstock].
Gaspar, SC: Todolivro Editora, 2023.
(Todolivro Play; 23)

ISBN 978-65-5617-925-4

1. Literatura infantil 2. Jogos educativos - Atividades
I. Todolivro. II. Shutterstock. III. Série.

23-146649 CDD-028.5

Índices para catálogo sistemático:

1. Jogos educativos: Literatura infantil 028.5
2. Jogos educativos: Literatura infantojuvenil 028.5

Eliane de Freitas Leite - Bibliotecária - CRB 8/8415

Instruções do jogo: de 2 a 4 jogadores

Use apenas uma das versões em cada partida.

1. Os jogadores devem ficar posicionados de forma oposta um do outro.

2. As peças devem ser colocadas em uma caixa (ou em um pote) que não seja transparente. Em seguida, deve-se chacoalhá-la bem, para embaralhar as peças.

3. Sem olhar, cada jogador retira sete peças, tomando o cuidado de não revelá-las aos adversários até o término da partida. As peças que sobrarem na caixa saem do jogo.

4. A partida deve começar pela peça duplo 6 ou duplo porco. Sendo assim, o portador dela inicia a rodada, colocando-a no centro de uma mesa. Caso nenhum jogador tenha tal peça, a partida pode iniciar por escolha dos jogadores.

ou

5. Em cada rodada, um jogador por vez joga uma nova peça. As peças devem ser colocadas sempre em uma das extremidades do jogo que está sobre a mesa.

6. Observe **A** e **B** e jogue suas peças. Caso o jogador não tenha a peça correta, ele deve passar a vez.

A

Somente as pontas com o mesmo valor podem se encaixar.

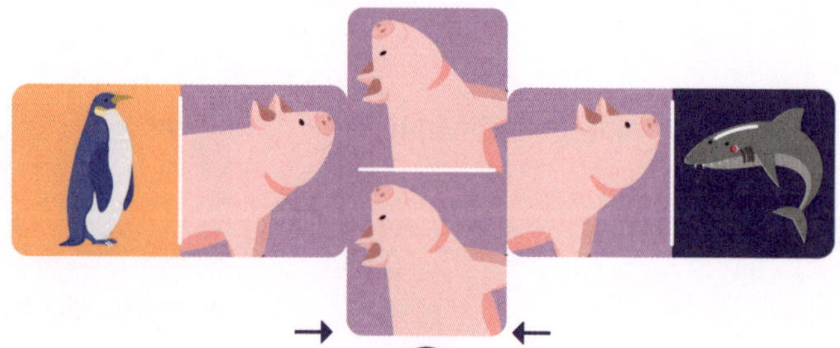

B

Peças com números ou animais iguais nas duas pontas devem ser colocadas na perpendicular.

VENCE QUEM FICAR SEM PEÇAS OU COM A MENOR QUANTIDADE DELAS.

Cuidados com as peças:

- Guardá-las dentro do box em local seco e arejado.
- Não expor à alta temperatura.
- Não molhar, dobrar, perfurar, colar ou riscar.
- Evitar atrito excessivo nas bordas para não danificar as camadas do cartão.
- Para limpar, use um pano seco ou levemente úmido apenas nas superfícies.

ANIMAIS DA FAZENDA

PATO

UM DOS POUCOS ANIMAIS QUE ANDAM, NADAM E VOAM. TEM PENAS MUITO RESISTENTES À ÁGUA, PERMANECENDO SECAS MESMO APÓS UM MERGULHO.

QUAC, QUAC!

ANIMAIS DA FAZENDA

MUUUU, MUUUU!!

VACA

PRODUZ LEITE SABOROSO E TEM UM OLFATO AGUÇADO, PODENDO CHEIRAR A 9 KM DE DISTÂNCIA.

AGORA É COM VOCÊ!
VIRE A PEÇA "DUPLO VACA"
E FALE EM VOZ ALTA
O NÚMERO CORRESPONDENTE.

GALINHA

FORNECE OVOS E PODE PERCORRER PEQUENAS DISTÂNCIAS BATENDO SUAS ASAS. PODE VOAR ATÉ 10 METROS DE ALTURA.

COCÓ, COCÓ!!

CAVALO

ADORA CORRER LIVRE PELO CAMPO.
É MUITO INTELIGENTE, SENDO CAPAZ
DE SE LEMBRAR DE PESSOAS, LUGARES
E SITUAÇÕES COM GRANDE FACILIDADE.

PÁSSARO

POSSUI BICO E NÃO TEM DENTES.
TEM UMA ÓTIMA VISÃO E ESTÁ SEMPRE
CANTANDO. ADORA VOAR EM BANDO
E REPOUSAR EMPOLEIRADO.

ANIMAIS DA FAZENDA

COCORICÓ!

GALO

CANTA PARA ANUNCIAR UM NOVO DIA E INDICAR QUE QUEM MANDA NAQUELE ESPAÇO É ELE.

AGORA É COM VOCÊ!
VIRE A PEÇA "DUPLO COELHO"
E FALE EM VOZ ALTA
O NÚMERO CORRESPONDENTE.

COELHO

ADORA SALTAR E COMER CENOURA. TEM EXCELENTE VISÃO, ELE ENXERGA ATÉ NO ESCURO.

SQUICK, SQUICK!

PERU

TEM UMA PLUMAGEM EXUBERANTE E CONSEGUE RECONHECER OUTROS INDIVÍDUOS DA MESMA ESPÉCIE ATRAVÉS DO SOM.

AGORA É COM VOCÊ!
VIRE A PEÇA "DUPLO PORCO"
E FALE EM VOZ ALTA
O NÚMERO CORRESPONDENTE.

PORCO

ADORA CHAFURDAR NA LAMA.
É CAPAZ DE FORMAR LAÇOS COM PESSOAS E OUTROS ANIMAIS E DEMONSTRAR AFETO.

ANIMAIS DA FLORESTA

AUUUUUU, AUUUUUU!

LOBO

O UIVADO AJUDA A MANTER O GRUPO UNIDO.

PORCO-ESPINHO

UM ADULTO PODE TER ATÉ 30 MIL ESPINHOS.

AGORA É COM VOCÊ!
VIRE A PEÇA "DUPLO URSO"
E FALE EM VOZ ALTA
O NÚMERO CORRESPONDENTE.

GRRRRRRR!

URSO

AO CONTRÁRIO DE MUITOS MAMÍFEROS, O URSO PODE VER EM CORES. DORMINDO ELE GASTA MENOS ENERGIA, POR ISSO HIBERNA DURANTE TODO O INVERNO.

RAPOSA

A MAIORIA É SOLITÁRIA E TERRITORIAL.

ANIMAIS DA FLORESTA

CORUJA

É UMA AVE NOTURNA QUE CONSEGUE EMITIR UMA GRANDE VARIEDADE DE SONS.

COBRA

NÃO TEM PÁLPEBRAS, ENTÃO NÃO PISCA E DORME COM OLHOS ABERTOS.

MACACO

SE ALIMENTA DE FRUTAS, FOLHAS E SEMENTES. USA SUA CAUDA PARA SE BALANÇAR NAS ÁRVORES E TEM SEU PRÓPRIO CONJUNTO DE IMPRESSÕES DIGITAIS.

BICHO-PREGUIÇA

ALIMENTA-SE PRINCIPALMENTE DE FOLHAS.

ANIMAIS DA SELVA

LEÃO

É SOCIÁVEL E GERALMENTE ANDA EM GRUPO. PODE DAR UM SALTO DE ATÉ 10 METROS.

AGORA É COM VOCÊ!
VIRE A PEÇA "DUPLO LEÃO"
E FALE EM VOZ ALTA
O NÚMERO CORRESPONDENTE.

HIENA

CAPAZ DE EMITIR GRITOS ÁSPEROS, MUITAS VEZES CONFUNDIDOS COM RISADAS.

GIRAFA

NASCE COM CERCA DE 2 METROS DE ALTURA E SUA LÍNGUA PODE MEDIR ATÉ 45 CENTÍMETROS.

ZEBRA

SUAS LISTRAS SERVEM COMO REPELENTE CONTRA MOSQUITOS. ELA ENXERGA MUITO BEM, INCLUSIVE À NOITE.

ANIMAIS DA SELVA

ELEFANTE

TEM O MAIOR CÉREBRO ENTRE OS TERRESTRES. POR ISSO A EXPRESSÃO "MEMÓRIA DE ELEFANTE".

JACARÉ

POSSUI DE 74 A 80 DENTES.

CAMALEÃO

SUA LÍNGUA PODE SER ATÉ 2 VEZES MAIOR QUE O TAMANHO DO SEU CORPO.

HIPOPÓTAMO

É UM EXCELENTE NADADOR. PARA SE REFRESCAR ELE PASSA A MAIOR PARTE DO TEMPO EM RIOS E LAGOS.

ANIMAIS DO OCEANO

POLVO

VIVE SOZINHO. POSSUI TRÊS CORAÇÕES
E SEUS TENTACULOS SÃO MUITO EFICIENTES,
POR ISSO SE LOCOMOVE COM VELOCIDADE.
TEM OS OLHOS MUITO DESENVOLVIDOS
E É O INVERTEBRADO MAIS INTELIGENTE.

CAVALO-MARINHO

PODE MUDAR DE COR E SE CAMUFLAR.
NÃO TEM ESTÔMAGO, NEM DENTES.

GOLFINHO

É UM ÓTIMO NADADOR
E MERGULHADOR, LEVANTA ACIMA DA
ÁGUA PARA RESPIRAR. É AMIGÁVEL
E MUITO INTELIGENTE.

PEIXE-PALHAÇO

SE COMUNICA POR MEIO DE SONS
E ESTALOS QUE PRODUZ QUANDO ABRE
A BOCA E ESTICA OS TENDÕES.

ANIMAIS DO OCEANO

TUBARÃO

TEM UMA MORDIDA PODEROSA. SÓ ENXERGA OBJETOS MUITO PRÓXIMOS. QUANDO PARA DE NADAR, ELE AFUNDA.

AGORA É COM VOCÊ!
VIRE A PEÇA “DUPLO TUBARÃO”
E FALE EM VOZ ALTA
O NÚMERO CORRESPONDENTE.

TARTARUGA

NÃO TEM DENTES. PODE FICAR MUITOS DIAS SEM SE ALIMENTAR E COME DENTRO DA ÁGUA PARA NÃO SE ENGASGAR.

CARANGUEJO

POSSUI DEZ PATAS.

ESTRELA-DO-MAR

POSSUI NADADEIRAS OU CAUDAS
PARA GANHAR IMPULSO E SE MOVIMENTA
COMO SE CAMINHASSE, UTILIZANDO PÉS.
SE ELA PERDE UM BRAÇO,
NASCE OUTRO NO LUGAR.

ANIMAIS POLARES

URSO-POLAR

PASSA MUITO TEMPO
NA ÁGUA E É
EXCELENTE NADADOR.

PINGUIM

É EXCELENTE NADADOR.
ALGUMAS ESPÉCIES CHEGAM
A NADAR A 30 KM/H.

AGORA É COM VOCÊ!
VIRE A PEÇA "DUPLO PINGUIM" E FALE EM VOZ
ALTA O NÚMERO CORRESPONDENTE.

ANIMAIS POLARES

FOCA HARPA

CRESCE ATÉ 1,80 METROS DE COMPRIMENTO
E PODE PESAR ATÉ 140 QUILOS.
TEM EXCELENTES NADADEIRAS E PODE
PERMANECER SUBMERSA POR ATÉ 15 MINUTOS.